CHEMINS PYTHONIQUES : NAVIGUEZ VOTRE VOYAGE À TRAVERS LA PROGRAMMATION PYTHON »

Un guide complet pour maîtriser Python, des bases aux techniques avancées

Contenu

Préambule à la programmation Python 3

Configurer votre climat Python 8

    Administrateurs et articulations 20

Flux de contrôle : articulations et cercles restrictifs 28

Compétences et modules 35

Travailler avec des enregistrements, des tuples et des références Word 43

Traitement de documents en Python 51

Idées de programmation orientée objet (POO) 59

Bibliothèques et bundles Python Prologue 62

Sujets Python de haut niveau 67

Conclusion 69

Préambule à la programmation Python

Bienvenue dans l'univers de la programmation Python ! Python est une force pour un langage de programmation très complexe principalement utilisé dans divers domaines dont le développement web, la science des données et l'intelligence artificielle. A partir de là, tout est possible. Dans cette partie, nous aborderons les bases de la programmation Python dès le début et vous faciliterons la tâche pour devenir un ingénieur Python compétent.

Qu'est-ce que Python ?

Python est un langage de programmation traduit de niveau critique, connu pour sa simplicité et sa solidité. Il a été créé par Guido van Rossum et publié pour la première fois en 1991. Soulignant l'importance et la simplicité du code, Python est un choix incroyable pour les programmeurs informatiques débutants et expérimentés.

Pourquoi apprendre Python ?

Il existe quelques inspirations expliquant pourquoi la maîtrise de Python est une maîtrise cruciale :

Facile à apprendre : les accents de Python sont clairs et directs, ce qui en fait un langage idéal pour les adolescents.

Personnalisable : Python peut être utilisé pour quelques applications, notamment l'avancement du Web, l'inspection des données, la gestion intelligente, la conscience artificielle, et ce n'est qu'un petit aperçu de quelque chose de plus grand.

Bibliothèque standard gigantesque : Python possède une énorme bibliothèque standard qui consolide les modules et les capacités pour effectuer diverses tâches, réduisant ainsi le besoin de bibliothèques parias supplémentaires.

Communauté : Python dispose d'une communauté vaste et dynamique de concepteurs qui contribuent à son nouveau développement et offrent un soutien à travers des conversations, des activités informatives et diverses ressources.

Opportunités d'entrée incroyables : Python est recherché sur le marché des concerts et de nombreuses associations recherchent des architectes Python pour occuper divers postes.

Commencer avec Python

Pour commencer à créer du code Python, vous devez configurer votre environnement d'amélioration. Python peut fonctionner sur les systèmes d'exploitation Windows, macOS et Linux. Après la présentation, vous pouvez utiliser un traitement de texte ou un environnement d'amélioration intégré (IDE) pour créer et exécuter du code Python.

Dans les domaines qui l'accompagnent, nous aborderons quelques aspects de l'accentuation Python, des types de données, des flux de contrôle et des capacités, et ce n'est qu'un aperçu de quelque chose de plus grand. Après avoir terminé ce tutoriel, vous aurez des connaissances essentielles en programmation Python et serez prêt à travailler sur d'autres sujets créés. Alors plongeons-nous et commençons à explorer l'univers de Python !

Configurer votre climat Python

Avant de pouvoir commencer à écrire et exécuter du code Python, vous devez configurer votre climat Python. Suivez ces étapes pour commencer :

Présentez Python :

Visitez le site Web Python de l'agence à l'adresse https://www.python.org/.

Téléchargez la dernière variante Python pour votre framework de travail (Windows, macOS ou Linux).

Exécutez le programme d'installation et suivez les

instructions à l'écran pour présenter Python.

Vérifiez la configuration :

Lorsque Python est introduit, ouvrez un terminal (Order Brief sous Windows ou Terminal sous macOS/Linux).

Tapez python - - rendu et appuyez sur Entrée. Cet ordre doit indiquer la variante introduite de Python. Par exemple Python 3.9.7.

Introduisez un gestionnaire de contenu ou un IDE :

Bien que vous puissiez créer du code Python dans n'importe quel gestionnaire de contenu, l'utilisation d'un climat d'avancement coordonné (IDE) peut augmenter votre efficacité.

Les IDE Python célèbres incluent PyCharm, Visual Studio Code et Inactive (fourni avec Python).

Mettre en place un climat virtuel (à votre discrétion, mais recommandé) :

Les conditions virtuelles vous permettent de configurer des conditions Python distinctes pour différents projets, évitant ainsi les conflits entre les conditions.

Pour créer une ambiance virtuelle, ouvrez un terminal et parcourez l'index de votre entreprise.

Exécutez la commande python - m venv myenv et remplacez myenv par le nom de votre climat virtuel.

Faire fonctionner le climat virtuel :

Sous Windows : myenv\Scripts\activate

Sur macOS/Linux : Source myenv/receptacle/actuate

Présentation des bundles Python (à votre propre discrétion) :

En fonction des besoins de votre projet, vous devrez peut-être introduire des bundles Python supplémentaires à l'aide de pip, le gestionnaire de bundles de Python.

Pour insérer un bundle, exécutez la commande pip insert package_name, en remplaçant package_name par le nom du bundle.

Commencez à coder :

Une fois votre situation actuelle clarifiée, vous pouvez commencer à écrire du code Python !

Ouvrez votre gestionnaire de contenu ou IDE, créez un autre document Python (avec une extension .py) et commencez à coder.

Si vous suivez ces étapes, vous disposerez d'un environnement Python complètement utile configuré dans votre framework, prêt à être amélioré. Bon codage !

Éléments et types de données

En Python, les facteurs sont utilisés pour stocker les valeurs des données. Chaque facteur a un nom et contient un type de données spécifique qui détermine le type de données qu'il peut stocker. Python gère différents types de données, notamment les nombres, les chaînes, les enregistrements, les tuples et les références de mots, et ce n'est qu'un petit aperçu de quelque chose de plus grand. Nous devrions explorer toutes ces idées de manière globale :

Facteurs:

Les facteurs sont des compartiments permettant de gérer les valeurs des données.

Vous pouvez utiliser le chef de projet (=) pour attribuer une valeur à une variable.

Les noms de variables peuvent contenir des lettres, des chiffres et des caractéristiques, mais ne peuvent pas commencer par un chiffre.

Python est sensible à la casse, donc myVar et myvar sont considérés comme des éléments différents.

Modèle:

python

Copier le code

Nommer les qualités des facteurs

x = 10

y = « Salutations, monde ! »

Types de données:

Tris numériques :

Entiers (int) : Entiers essentiellement sans virgule décimale.

Nombres à virgule flottante (float) : nombres comportant une virgule décimale.

Nombres complexes (complexes) : Nombres avec une partie vraie et bizarre.

Modèle:

python

Copier le code

```
# Types de données numériques
a = 10 # nombre
b = 3,14 # flottant
c = 2 + 3j # complexe
```

Chaîne :

Les chaînes (str) sont des chaînes entourées de déclarations simples, doubles ou triples.

Python, quant à lui, gère les proclamations simples (') et les articulations doubles (').

Les chaînes peuvent être enregistrées et segmentées pour obtenir des caractères individuels ou des sous-chaînes.

Modèle:

python

Copier le code

Type de données chaîne

Nom = « John Doe »

message = 'Salut, tout le monde !'

Valeur booléenne :

La valeur booléenne (bool) traite la vérité en termes de légitime ou de fausse.

Utilisé pour des exercices astucieux et des clarifications d'urgence.

Modèle:

python

Copier le code

```
# Type de données booléen
is_python_fun = Significatif
is_raining = tromperie
```

Liste:

Les enregistrements (liste) sont des collections d'éléments séparés par des virgules et entourés de segments carrés ([]).

Les ensembles de données peuvent contenir des parties de différents types de données et sont mutables (modifiables).

Modèle:

python

Copier le code

Type de données de liste

Nombres = [1, 2, 3, 4, 5]

Noms = ["Alice", "Influence", "Charlie"]

Tuple :

Les tuples (tuples) sont des groupes comme les enregistrements qui sont de toute façon entourés de sommets (()).

Contrairement aux enregistrements, les tuples sont permanents (ne peuvent pas être modifiés une fois créés).

Modèle:

python

Copier le code

Type de données Tuple

Points = (10, 20)

Points de vue = (100, 200, 300)

Référence du mot :

Les références de mots (dict) sont des collections non ordonnées de correspondances clés entourées d'arrière-plans ondulés ({}).

Chaque paire de considérations clés mappe le chemin vers sa référence associée.

Les clés doivent être visibles dans une référence de mot, mais les valeurs peuvent être répliquées.

Modèle:

python

Copier le code

Type de données de référence Word

Travaillez sur l'utilisation de facteurs et d'autres types de données pour garantir que la conception et la sémantique des phrases de Python sont en ordre.

Administrateurs et articulations

En Python, les administrateurs sont des images ou des balises qui effectuent des opérations sur des opérandes tels que des facteurs ou des valeurs. Les articulations sont des mélanges d'administrateurs et d'opérandes qui produisent un résultat. Comprendre les administrateurs et les articulations est crucial pour effectuer divers calculs et contrôles en Python. Nous devons examiner les administrateurs et les mots les plus couramment utilisés :

Administrateurs de traitement des numéros :

Les administrateurs de jonglerie de nombres sont utilisés pour effectuer des procédures numériques sur des opérandes numériques.

Option (+) : ajoute deux opérandes.

Déduction (-) : supprime le deuxième opérande du premier.

Duplication (*) : Augmente deux opérandes.

Division (/) : partitionne constamment l'opérande principal (aboutit à un flottant).

Division d'étage (//) : partitionne en continu l'opérande principal et l'ajuste au nombre le plus proche.

Module (%) : renvoie le reste de la division de l'opérande principal en continu.

Exponentiation (**) : Élève l'opérande principal à la puissance seconde.

Modèle:

python

Code en double

Administrateurs de calcul de chiffres

```
x = 10
y = 3
print(x + y) # Résultat : 13
print(x - y) # Résultat : 7
print(x//y) # Résultat : 3
print(x % y) # Résultat : 1
print(x ** y) # Résultat : 1000
```

Administrateurs d'examens :

Les administrateurs de tests sont utilisés pour vérifier deux opérandes et renvoyer une valeur booléenne (valide ou trompeuse).

Équivalent à (==) : renvoie un résultat valide en supposant que les opérandes sont équivalents.

Non équivalent à (!=) : renvoie valide dans le cas où les opérandes ne sont pas équivalents.

Plus visible que (>) : renvoie. Valable en supposant que l'opérande principal est plus important que le second.

Not Exact (<) : renvoie un résultat valide dans le cas où l'opérande principal n'est pas exactement le second.

Précédent ou équivalent à (>=) : renvoie. Valable en supposant que l'opérande principal est plus important ou équivalent au second.

Pas exact ou équivalent à (<=) : renvoie valide dans le cas où l'opérande principal n'est pas exact ou équivalent au second.

Modèle:

```python
Code en double
# Administrateurs d'examens
une = 10
b = 20
print(a == b) # Résultat : trompeur
print(a != b) # Résultat : Valide
print(a > b) # Résultat : trompeur
print(a < b) # Résultat : Valide
print(a >= b) # Résultat : trompeur
print(a <= b) # Résultat : Valide
```

Administrateurs cohérents :

Les administrateurs cohérents sont utilisés pour consolider les déclarations contingentes et renvoyer un résultat booléen.

AND cohérent (et) : renvoie valide si la probabilité que les deux opérandes soient valides est peu probable.

OU cohérent (ou) : renvoie « Valide » si l'un des opérandes est « Valide ».

NOT significatif (not) : renvoie la valeur booléenne inverse de l'opérande.

Modèle:

python

Code en double

Administrateurs intelligents

x = Valide

y = vertiges

print(x et y) # Résultat : trompeur

print(x ou y) # Résultat : Valide

print(not x) # Résultat : faux

Comprendre et maîtriser les administrateurs et les articulations est fondamental pour écrire des codes Python efficaces et concis. Travailler à utiliser différents administrateurs et articulations pour réaliser différentes entreprises et estimations.

Flux de contrôle : articulations et cercles restrictifs

Les structures de flux de contrôle vous permettent de contrôler le flux d'exécution de votre code Python. Les déclarations et les cercles contingents sont des éléments fondamentaux du flux de contrôle qui vous permettent de décider et de reconsidérer vos projets à la lumière de circonstances spécifiques. Et si nous explorions les articulations et les cercles restrictifs en Python :

Explications restrictives :

Les proclamations de conditions vous permettent d'exécuter différents blocs de code pour déterminer si une condition est valide ou trompeuse. En Python, les assertions conditionnelles essentielles sont :

si articulation :

Exécute un bloc de code lorsqu'une condition donnée est valide.

Il est possible que rien ou plusieurs déclarations Elif (sinon si) et une proclamation volontaire autrement puissent suivre.

python

Code en double

x = 10

```
si x > 0 :
print("x est positif")
elif x == 0 :
print("x vaut zéro")
différent:
print("x est négatif")
```

au cas où elif-else Chaîne :

Vous permet d'examiner de près diverses circonstances et d'exécuter les blocs de code associés.

python

Code en double

```
Note = 85
si le score est >= 90 :
Note = 'A'
score elif >= 80 :
```

Note = 'B'

score elif >= 70 :

Note = 'C'

différent:

Note = 'D'

print("Remarque :", Remarque)

Cercles :

Les cercles permettent de recycler un bloc de code à différentes occasions jusqu'à ce qu'une condition prédéfinie soit remplie. En Python, les types de cercles essentiels sont :

pour le cercle :

Exécute un bloc de code un nombre de fois spécifié.

Généralement utilisé pour mettre en évidence des arrangements tels que des enregistrements, des tuples ou des chaînes.

python

Code en double

pour moi dans la zone (5):

imprimer(je)

tandis que le cercle :

Exécute un bloc de code jusqu'à ce qu'une condition prédéfinie soit valide.

Peut déclencher un cercle illimité à condition que la condition soit rarement trompeuse.

python

Code en double

Nombre = 0

tandis que nombre < 5 :

imprimer(numéro)

Nombre += 1

Explications pour le contrôle des circuits :

Python fournit des articulations de contrôle de canal telles que break, continue et pass pour modifier le comportement des canaux.

Pause : termine le cercle à la hâte.

continuer : évite l'accent continu et continue avec le cycle suivant.

pass : fonctionne comme un espace réservé et reste inactif.

```python
Code en double
pour moi à portée (10):
dans le cas où je == 3 :
casser
elif je == 1 :
Continuer
différent:
arriver
imprimer(je)
```

Les structures de flux de contrôle sont fondamentales pour créer du code Python dynamique et compétent. La maîtrise des proclamations et des cercles contingents vous donne la possibilité de créer des programmes qui s'adaptent à différentes situations et d'effectuer facilement des courses fastidieuses. Travaillez à utiliser ces idées pour pouvoir contrôler les flux en Python.

Compétences et modules

Les compétences et les modules sont des aspects essentiels de la programmation Python qui aident à comprendre et à modulariser le code pour une meilleure réutilisabilité et praticité. Pouvons-nous explorer ces pensées :

Compétences :

Les capacités sont des blocs de code réutilisables qui effectuent une tâche spécifique. Ils vous permettent de décomposer un problème déroutant en parties plus petites et plus raisonnables. En Python, vous pouvez décrire une capacité à l'aide du mot-clé « def », suivi du nom de la capacité, des limites (le cas échéant) et d'un bloc de code.

python

Copier le code

```
certainement salutations(nom):
print("Bonjour, " + nom + "!")
```

Définition de la capacité : décrit le nom, les limites et l'utilité de la capacité.

Appel de capacité : invoque la capacité d'exécuter son code avec des conflits explicites.

python

Copier le code

Greet("Alice") # Résultat : Bonjour Alice !

Greet("Bob") # Résultat : Bonjour, Influence !

Frontières et conflits :

Limites : variables annoncées dans la définition de capacité qui reçoivent des valeurs d'entrée.

Conflits : valeurs transmises à la capacité lors de son appel.

python

Copier le code

```
def ajouter (x, y):
retourner x + y
```

Résultat = ajouter(3, 5)

print(result) # Résultat : 8

Explication du retour :

Les capacités peuvent renvoyer des valeurs à l'aide de l'instruction bring. Lorsqu'une capacité rencontre une déclaration de retour, elle est rapidement terminée et la valeur est renvoyée au visiteur.

python

Copier le code

```
def carré(x):
Retour x ** 2
```

```
Résultat = Carré(4)
print(result) # Résultat : 16
```

Modules :

Les modules sont des ensembles de données de code Python qui peuvent être importés et utilisés dans d'autres programmes Python. Ils vous permettent de stocker les compétences, classes et facteurs associés dans des archives séparées pour de meilleures compétences en programmation.

Créez des modules : enregistrez facilement votre code Python dans un rapport .py avec un nom important.

python

Copier le code

```
# math_opérations.py

def ajouter (x, y):
    retourner x + y


def soustraire (x, y):
    retourner x - y
```

Modules reçus :

Utilisez la déclaration d'importation suivie du nom du module pour importer un module.

Accédez aux fonctionnalités et aux éléments du module à l'aide de la documentation Spot.

python

Copier le code

Importer des opérations mathématiques

Résultat = math_operations.add(3, 5)

print(result) # Résultat : 8

Obtenez des capacités uniques :

Vous pouvez utiliser l'expression from pour importer des capacités ou des membres uniques à partir d'un module.

python

Copier le code

à partir de math_opérations importer ajouter

Résultat = ajouter(3, 5)

print(result) # Résultat : 8

Les capacités et les modules jouent un rôle essentiel dans le tri du code Python et dans la promotion de la réutilisation du code. En représentant les capacités de projets uniques et en assemblant le code associé en modules, vous pouvez exécuter des projets plus propres et plus judicieux. Travailler à exploiter les capacités et les modules pour être adaptés à la création d'applications Python spécifiques et polyvalentes.

47

Travailler avec des enregistrements, des tuples et des références Word

En Python, les enregistrements, les tuples et les références de mots sont trois structures d'informations principales qui vous permettent de stocker et de contrôler des ensembles d'informations. Ces structures d'information ont leurs qualités particulières et leurs cas d'utilisation. À un moment donné, nous pourrions explorer comment gérer les enregistrements, les tuples et les références de mots :

Enregistrements :

Les enregistrements sont des plans référencés de choses qui sont mutables, ce qui signifie que leurs parties peuvent être modifiées après la création. Les enregistrements sont créés à l'aide de sections carrées [] et peuvent contenir des éléments de différents types d'informations.

python

Code en double

Créer un plan

Avoir la possibilité de partager des parties : des parties d'un plan peuvent être modifiées en les sélectionnant et en les coupant.

python

Code en double

Avoir la possibilité de partager des pièces

Avancement des pièces : les enregistrements prennent en charge divers systèmes pour ajouter, supprimer et ajuster des pièces.

python

Code en double

```python
# Changer les pièces
my_list[0] = 10  # Changer la partie de base
my_list.append(6)  # Interface d'une section très large
my_list.insert(2, 7)  # Ajouter une section à un enregistrement spécifique
```

my_list.remove(3) # Supprimer une partie spécifique

Tuple :

Les tuples sont des groupements référencés d'éléments vraiment forts, ce qui signifie que leurs parties ne peuvent pas être modifiées après la création. Les tuples sont créés à l'aide de niches () et peuvent contenir des éléments de différents types d'informations.

python

Code en double

Créer un tuple

Avoir la possibilité de diviser des parties : des parties d'un tuple peuvent être modifiées en les marquant et en les coupant comme des enregistrements.

python

Code en double

```
# Avoir la possibilité de partager des pièces

print(my_tuple[0]) # Résultat : 1

print(my_tuple[2:4]) # Résultat : (3, 4)
```

Nature persistante : une fois qu'un tuple est créé, ses parties ne peuvent pas être modifiées, ajoutées ou supprimées.

python

Code en double

```
# Essayer de modifier un tuple entraîne un désordre
```

my_tuple[0] = 10 # TypeError : l'objet 'Tuple' ne suit pas la tâche

Références de mots :

Les références de mots sont des regroupements désordonnés d'œuvres clés courtes. Les références de mots sont créées à l'aide de formes d'onde {} et contiennent des clés et leurs caractéristiques distinctives liées par des deux-points :.

python

Code en double

Créer une référence de mot

Avoir la possibilité de trouver des parties : des parties d'une référence de mot peuvent être capturées à l'aide de clés.

python

Code en double

Ayez la chance d'obtenir des pièces

```
print(my_dict["name"]) # Résultat : Alice

print(my_dict["age"])  # Résultat : 30
```

Changement de pièces : les références Word prennent en charge l'ajout, la suppression et l'avancement des correspondances de respect clés.

python

Code en double

Changer les pièces

my_dict["age"] = 35 # Changer la valeur d'une clé

my_dict["gender"] = "Female" # Ajouter une autre paire de respect clé

del my_dict["city"] # Supprimer une paire clé-respect

Pour véritablement coordonner les regroupements d'informations en Python, il est important de comprendre comment gérer les enregistrements, les tuples et les références de mots. Chaque structure d'information a ses avantages et ses cas d'utilisation. Choisissez donc la structure appropriée en fonction de vos besoins. Le travail sur l'utilisation de ces informations vise à pouvoir gérer différents types d'informations en Python.

Traitement de documents en Python

La gestion de documents en Python vous permet de travailler avec des fichiers dans le système de fichiers de votre PC. Python fournit des fonctionnalités et des stratégies pratiques pour créer, rechercher, composer et gérer des documents. Voici un aperçu des activités normales de gestion de documents en Python :

Ouvrir un enregistrement :

Utilisez la fonction open() pour ouvrir un ensemble de données. Précisez le type et le mode d'enregistrement (lecture, composition, pièce jointe, etc.).

python

Code en double

```
document = open("example.txt", "r") # Ouvrir l'enregistrement pour révision
```

Révision d'un document :

Utilisez les techniques read(), readline() ou readlines() pour lire les informations d'un ensemble de données.

python

Code en double

```
content = file.read() # Lire l'intégralité du contenu de l'enregistrement

line = file.readline() # Lire une seule ligne
```

lines = file.readlines() #Lire toutes les lignes dans un récapitulatif

Restez en contact avec un document :

Utilisez la stratégie compose() pour compiler des informations dans un document. Assurez-vous d'ouvrir l'enregistrement en mode création ou ajout.

python

Code en double

```python
record = open("example.txt", "w") # Ouvrir le document pour le composer

file.write("Bonjour tout le monde !") # Compiler les informations sur le document
```

Fermer un document :

Fermez continuellement le document à l'aide de la méthode close() lorsque vous avez terminé de libérer les ressources du framework.

python

Code en double

fichier.close() # Ferme le document

Utilisation des administrateurs de paramètres (recommandé) :

Vous pouvez utiliser l'articulation pour fermer l'enregistrement naturellement lorsque vous avez terminé. C'est l'approche proposée.

python

Code en double

avec open("example.txt", "r") comme document :

```
contenu = fichier.read()
```

Le document est systématiquement fermé en quittant le bloc "with"

La gestion des documents en Python est personnalisable et vous permet de travailler avec différents types d'enregistrements, notamment des enregistrements texte, des enregistrements CSV, des documents JSON, et ce n'est que le début. Pour certaines applications Python réelles, comprendre comment lire et écrire dans des documents est fondamental .

Libération traitant de

La gestion des exceptions en Python vous permet de résoudre en douceur les erreurs et les cas particuliers et d'empêcher votre programme de planter soudainement. Python, à l'exception de Block, essaie d'obtenir des exceptions et d'exécuter du code facultatif en cas d'erreurs. Voici comment fonctionne la prise en charge des cas particuliers :

python

Code en double

```
tentative:

# Code pouvant lever une exception

Score = 10/0 # Essayez de ne vous isoler avec rien

sauf pour ZeroDivisionError :
```

Gérer l'exception

print("Erreur : Partitionnement impossible")

Dans le modèle ci-dessus, si une exception (dans cette situation, une ZeroDivisionError) se produit dans le bloc try, Python passe au bloc de comparaison et exécute le code qu'il contient. Cela empêchera le programme de planter et vous permettra de corriger facilement l'erreur.

Vous pouvez également obtenir diverses exceptions, ou utiliser une exception non exclusive à l'exception du bloc pour obtenir un cas particulier :

```python
Code en double
tentative:
    # Code pouvant lever une exception
    Score = 10/0  # Essayez de ne diviser par rien
mais (ZeroDivisionError, ValueError) :
    # Gérer les exceptions explicites
    print("Erreur : division par rien ou valeur invalide")
mais cas particulier comme e :
    # Gérer d'autres cas particuliers
    print("Erreur :", e)
```

La gestion des cas particuliers est une partie essentielle d'une programmation puissante en

Python et vous permet de réellement anticiper et gérer les erreurs.

Idées sur la programmation orientée objet (POO).

La programmation orientée objet (POO) est une vision du monde de programmation qui vous permet de diviser le code en classes et en éléments. Les idées de POO en Python incluent :

Classes et éléments : les classes sont des diagrammes permettant de créer des objets. Les objets sont des occurrences de classes qui caractérisent les informations et le comportement.

Propriétés et techniques : les qualités sont des informations stockées dans une classe ou un élément. Les techniques sont des compétences définies au sein d'une classe qui travaillent sur ses informations.

Legacy : Legacy permet à une classe (sous-classe) d'acquérir des traits et des techniques d'une autre classe (superclasse).

Exemple : l'épitome est l'emballage d'informations et de techniques qui manipulent les informations au sein d'une classe et cachent les subtilités d'exécution au reste du monde.

Polymorphisme : le polymorphisme permet de traiter des objets de différentes classes comme des objets d'une superclasse typique, permettant ainsi l'adaptabilité et la réutilisation du code.

Exemple de caractérisation d'une classe en Python :

python

Code en double

Forme carrée de classe :

def __init__(soi, largeur, niveau) :

self.width = largeur

self.height = niveau

plage def (auto):

retourner self.width * self.height

La POO favorise la réutilisabilité, la qualité mesurée et la polyvalence du code, ce qui en fait une vision du monde solide pour la création de cadres de programmation complexes en Python.

Prologue aux bibliothèques et bundles Python

Les bibliothèques et bundles Python sont des collections de codes pré-écrits utiles pour diverses activités. Ils étendent les capacités de Python et vous permettent d'utiliser des solutions existantes à des problèmes courants. Les bibliothèques et bundles Python bien connus incluent :

NumPy : Une bibliothèque de calculs mathématiques avec prise en charge des clusters, des frameworks et des fonctions numériques.

Pandas : Une bibliothèque de contrôle et d'exploration des informations, particulièrement utile pour travailler avec des informations simples.

Matplotlib : Une bibliothèque de traçage pour créer des tracés statiques, intuitifs et animés.

Requêtes : une bibliothèque pour effectuer des requêtes HTTP et travailler avec des API.

TensorFlow et PyTorch : bibliothèques pour l'IA et le Deep Learning.

Pour inclure une bibliothèque ou un bundle dans votre code Python, vous devez d'abord l'introduire à l'aide d'un directeur de bundle comme pip :

grève

Code en double

Pip présente Numpy Pandas Matplotlib et nécessite la lumière Tensorflow

Une fois introduit, vous pouvez importer la bibliothèque ou les modules explicites qu'elle contient dans votre contenu Python et tirer parti de ses avantages :

python

Code en double

Importer numpy en tant que np

```
# Utilisation du modèle de NumPy
exposition = np.array([1, 2, 3, 4, 5])
Moyenne = np.mean (tableau)
print("Moyenne :", moyenne)
```

Les bibliothèques et bundles Python sont essentiels pour accélérer le développement car ils fournissent des réponses instantanées à divers projets et domaines.

Procédures de transition Python

Les procédures de transition en Python incluent l'extension des bases pour gérer des problèmes et des situations plus complexes.

Certaines stratégies intermédiaires incluent :

Résultats de la liste : structure de phrase concise pour créer des notes à la lumière des enregistrements existants.

Générateurs et itérateurs : stratégies pour une gestion compétente des arrangements d'information.

Décorateurs : Travail qui modifie le comportement de différentes compétences.

Chefs d'administration : éléments qui permettent la gestion des actifs au sein d'un État.

Erreurs en prenant soin des exemples : systèmes de gestion des erreurs et des exceptions en fait.

Utilisation de documents et de catalogues : stratégies pour les E/S d'enregistrement, les tâches d'enregistrement et le contrôle des enregistrements.

Articulations ordinaires : exemples de recherche, de coordination et de contrôle d'informations textuelles.

La maîtrise de ces techniques intermédiaires vous aidera à créer un code Python plus significatif, productif et pratique.

Sujets Python de haut niveau

Les sujets Python de haut niveau couvrent des idées spécialisées et de haut niveau qui sont généralement expérimentées dans des espaces uniques ou des situations d'avancement de programmation de haut niveau. Les sujets les plus importants comprennent :

Concurrence et parallélisme : méthodes permettant d'exécuter du code simultanément et de manière égale, y compris les chaînes, les processus et la programmation non simultanée.

Conceptions et calculs d'informations : structures d'informations de haut niveau (par exemple, arbres, graphiques) et calculs pour résoudre des problèmes informatiques déroutants.

Métaprogrammation : stratégies d'écriture de code qui contrôle d'autres codes au moment de l'exécution, notamment les décorateurs, les métaclasses et le vieillissement dynamique du code.

Diplôme

Dans l'ensemble, Python est un langage de programmation flexible et puissant qui offre de nombreux points forts et capacités pour créer diverses applications, du contenu simple aux cadres de programmation complexes. Dans ce guide, nous avons exploré les idées et méthodes fondamentales qui constituent le fondement de la programmation Python.

Nous avons commencé par examiner les principaux blocs structurels des programmes Python, y compris les types d'informations, la conception et les travaux des flux de contrôle. À ce stade, nous sommes passés à des sujets plus avancés, tels que la programmation orientée objet (POO), la gestion des documents, la gestion des exceptions et l'utilisation des bibliothèques et des bundles.

Comprendre les idées de POO permet aux ingénieurs de représenter les substances certifiables encore plus efficacement, tandis que travailler avec des bibliothèques et des packages leur permet d'utiliser efficacement les solutions existantes pour résoudre des tâches complexes. Les méthodes Python intermédiaires telles que les perceptions détaillées, les générateurs et les décorateurs améliorent l'expressivité et la praticité du code.

Les sujets Python de haut niveau, notamment la concurrence, les structures d'information et la programmation météo, permettent aux concepteurs de résoudre les problèmes de test et de promouvoir des applications d'exécution supérieures. Créer votre projet Python le plus mémorable est une réalisation passionnante qui vous permet d'appliquer vos compétences dans un environnement fonctionnel et de gagner en confiance en tant qu'ingénieur.

Enfin, suivez les conseils d'amélioration et les bonnes pratiques de Python, tels que : Comme suivre les directives de codage, utiliser des noms de variables agréables et écrire du code spécialisé et réutilisable, contribue à la qualité et à la viabilité du code.

Lors de votre incursion dans Python, assurez-vous de continuer à rechercher, à pratiquer et à améliorer vos compétences. Que vous soyez un débutant apprenant les bases ou un ingénieur expérimenté se plongeant dans des sujets d'actualité, Python a quelque chose pour tout le monde. Découvrez l'adaptabilité et l'adaptabilité de Python et rejoignez le parcours pour devenir un ingénieur Python compétent.

www.ingramcontent.com/pod-product-compliance
Lightning Source LLC
Chambersburg PA
CBHW070355230526
45471CB00006B/2586